AF607356

Cuentos de la guerra

Aída Martínez de la Casa

Cuentos de la guerra

Nueva Estrella

Nueva Estrella

Avda. de los Rosales, 16 C
28041 Madrid
Telf. 629 48 93 67
www.editorialnuevaestrella.com
info@editorialnuevaestrella.com

Primera edición: febrero 2024
ISBN: 978-84-17857-68-4
Depósito Legal: M-4652-2024

Maquetación: Repeling & L

Impreso en España - *Printed in Spain*

A mis abuelos,
que fueron niños de la guerra.

Índice

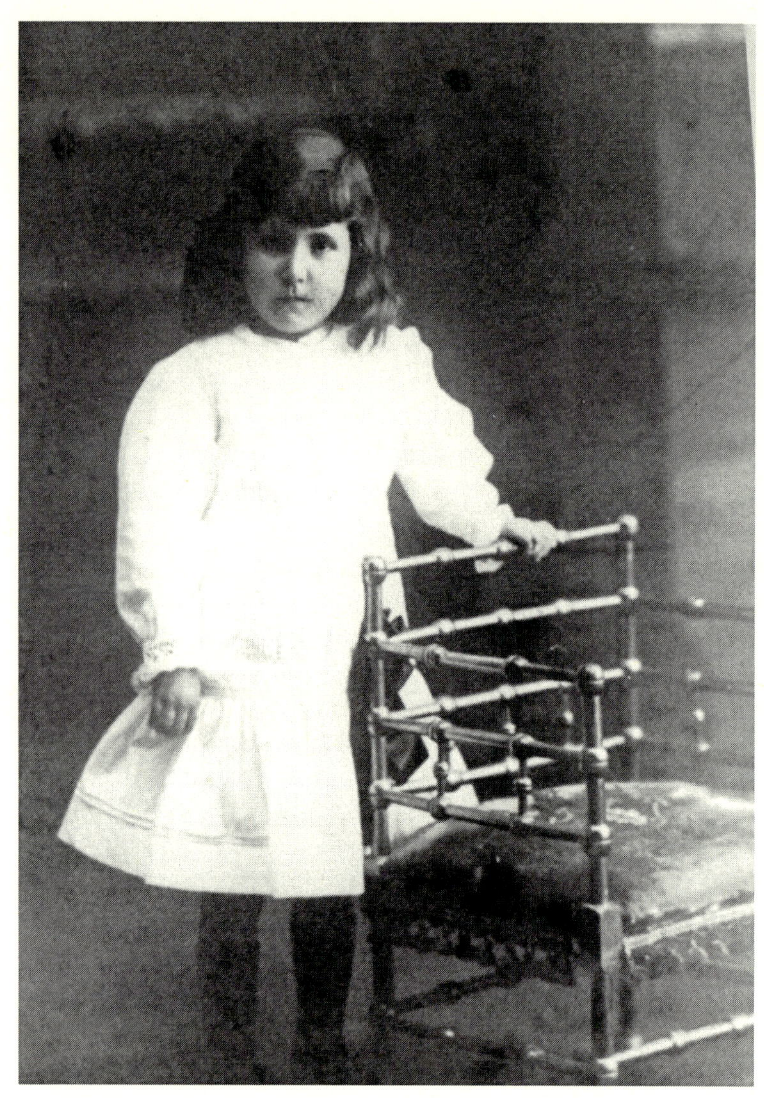

1

La batalla sin nombre

Natividad se dio cuenta de que se estaba quedando otra vez sin lana. Mañana sin falta bajaría a la mercería y compraría dos ovillitos. Así tendría para terminar la labor que estaba haciendo. En eso empleaba la mayoría de sus horas, en hacer ganchillo y en recordar. Las dos tareas eran para la anciana algo mecánico y, casi, podría decirse que involuntario para ella.

Todos los días, sin faltar ni uno, pensaba en su padre. No lo había conocido, pero su recuerdo y su memoria seguían en ella tan vivos, que pareciera que él la hubiera acompañado siempre, como si no hubieran acabado sus días como los terminó. De la manera más amarga que nunca nadie pudiera imaginar.

«Estaba la madre de Natividad embarazada casi de seis meses cuando lo metieron en la cárcel. La otra niña, la hermana de Natividad, ya andaba, menos mal. ¡Cuántas fatigas tendrían que pasar las tres...! La Guerra acababa de empezar, como quien dice, pero aquellos primeros tiempos los vivieron en el pueblo, según le contaba su madre, Elisa, como una verdadera pesadilla. Todo fue muy rápido, o muy lento, según se mire, porque cuando la olla estalló ya se llevaba cociendo el asunto, y no faltaron los que vieron la ocasión en aquella confusión y terror primeros, para ajustar lo que para algunos eran viejas cuentas, para saldar viejos odios y rencillas antiguas.

Las pocas noticias que, por aquellos días, llegaron de la capital, no las entendían muchos en el pueblo. De aquellas parrafadas, que dos o tres leían al resto, no sacaban más en claro que en Madrid se estaba armando muy, pero que muy gorda. A medida que los meses pasaban, la llegada de prensa era algo casi anecdótico y la radio, era cosa de ricos, estaba en casa del que menos quería oír. Sin embargo, aquella carta sí llegó. La carta donde se instaba a su padre a incorporarse a filas en el plazo de unos pocos días. Sin discusión. Sin remedio. Lo mandaban a Madrid. Aurelio, como tantos otros, no podía eludir aquella orden, y pese a que siempre huyó de políticas, de polémicas, de reyes, de Repúblicas, de iglesias… lo mandaban a matar, y quién sabe si a morir, en alguna batalla sin nombre, lejos de su hija, de su mujer y de lo que estaban esperando: a Natividad. Aunque él nunca lo sabría».

En un descuido, mientras recordaba Natividad estas y otras cosas no menos dolorosas, había dejado caer al suelo un par de madejas. Otra vez se le habían enredado los hilos a la anciana. Con la rabia que esto le daba, le retrasaba mucho en su labor.

«Sí, de casi seis meses estaría su madre cuando se lo mataron... En el mes de septiembre se fue para Madrid y fue poner el pie en la capital y meterlo preso. El furgón, donde le trasladaban a él y a otros tantos, fue interceptado y los encerraron a todos. Dos meses le duró el encierro.

Elisa fue a visitarlo, a pesar de la dificultad y el peligro que eso suponía. Ir del pueblo a la capital era, ya sin guerra, un viaje largo y pesado, y eso por no hablar de tener que hacerlo con la tripa, que por entonces tenía ya. Estaba a menos de dos meses de parir en el último viaje que hizo para ver a Aurelio a la cárcel.

Claro está, a Pilarcita, la mayor, por entonces de año y pico, la dejó Elisa con sus padres, que eran los boticarios del pueblo, allí en Navalcán.

Cargada con los paquetes de comida, que tenía la esperanza de poder hacer llegar a su marido, y el peso de la criatura que llevaba dentro, que ya iba tirando para abajo que era una barbaridad; se encaminó a la que sería la segunda y última visita a su marido. Y es que a los pocos días de estar con él, se lo mataron. Y, a consecuencia de ese mismo viaje a Madrid, pensaba ella, se había puesto de parto antes de lo que se esperaba. Puede que fuera por el culetazo que le dio aquel hombre, que custodiaba la celda de su esposo, con su fusil en la tripa, cuando insistió en darle los paquetes de comida a su Aurelio».

Natividad, que estaba ahora con los remates de la labor que tenía entre manos, no podía evitar siempre que llegaba a este punto, en sus pensamientos, tocarse la mejilla.

«Su madre siempre enrojecía de rabia y apretaba los puños, muy fuerte, cuando contaba aquella historia de la última vez que vio a su marido con vida, y lo del hombre que fue capaz de golpear en la tripa a una embarazada con la culata de su arma, y de cómo, a consecuencia de aquella salvajada, su Nati nació con un lado de la carita totalmente amoratada.

También contaba Elisa a menudo la historia de la carta, que ahora conservaba su hija. Aquella carta, aunque tristísima y con más sombras que luces, supuso, sin embargo, la salvación económica para la familia de Aurelio. En ella, aquel mismo tío militar que informó del encarcelamiento del sobrino, daba ahora noticia veladísima, claro, de cómo había sido el final de Aurelio entre esas cuatro paredes inmundas.

Era aquel papel, aunque doloroso de leer y conservar, sin embargo, algo necesario para el cobro de la pensión de viudedad y el ingreso de las niñas en un colegio de huérfanas de militares. Su madre, aunque no comulgaba con aquello, no tenía medio de mantenerlas y el tío de Aurelio vio más que justa esta compensación por la vida de su sobrino. Si Elisa hubiera tenido otro remedio jamás habría aceptado algo semejante, pero la botica de la familia había sido desvalijada en una de estas y en el pueblo sobrevivía el que tenía animales y huerta. El que no tenía, ni lo uno

> ni lo otro, dependía de la caridad del vecino que quisiera o que pudiera echar una mano. Y ella y sus hijas se habían quedado en el bando de la pérdida, hecha carne y sangre. Miseria».

La carta, o por mejor decir las cartas, las leía Natividad de vez en cuando. De la primera, la del tío militar, entendía más bien poco, lo suficiente... El porqué siempre estaría fuera de su comprensión y de cualquier explicación que pudiera darles alguien. No había detalles en aquellas letras del final de su padre. Más preguntas que respuestas formaban una nebulosa de tristeza en su corazón cada vez que leía aquella carta que, muchas veces, Natividad se había planteado si no era mejor romper o quemar. Pero, con carta o sin ella, la realidad fue, era, la misma.

> «Su padre apareció muerto a la mañana siguiente de la visita que le hizo su madre, con ella en la barriga, la celda abierta, él casi irreconocible. Quizá el mismo hombre que golpeara a su madre... La carta hablaba también de tiros, de otros presos muertos, quizá compañeros de celda...»

La otra carta no la tenía Natividad fuera de su vista, como la del tío, el general, sino que la tenía junto con la única fotografía que se conservaba de su padre. Ambas estaban colocadas con sumo cuidado en la mesa del saloncito donde pasaba las horas muertas, sobre uno de los tapetitos de ganchillo que tejía cuando no le quedaba hilo o dinero suficiente para hacer una labor más grande.

Desde la butaquita donde cosía, Natividad veía perfectamente la imagen de su padre y cuando levantaba la mirada de la costura, que siempre tenía entre manos, sus ojos se encontraban con los suyos. Detrás de su imagen amarillenta y quebrada, sus letras y sus lágrimas. Escribió aquellas líneas en aquella prisión, después de que marchara su mujer, y su hija. Aunque esto él nunca lo supiera...

«Tuvo siempre la intuición de que sería otra niña, pero no llegó a comprobarlo... Eran unas palabras de despedida, algo más que un barrunto tendría el hombre para escribir aquello... Y se la dejó, por si alguna vez tenía la ocasión de hacerla llegar a alguna de las interesadas, a uno de los compañeros de celda por si le sobrevivía, un maestro que había llegado dos años antes de la guerra a la capital desde Tarragona.

Y así fue, aunque volvieran a apresar al maestro días después de entregar la carta a la madre de Natividad y lo fusilaran junto con un poeta, bastante conocido, por cierto, y dos banderilleros anarquistas».

Eran, para la anciana, aquellas letras y aquella imagen de su padre lo único y más cercano que pudo tener de él. Eso y las historias que les contaba su madre cuando iba a visitarlas al internado de Tomelloso, a ella y a su hermana.

Aún recordaba, más de ochenta años después, la sensación que tuvo al entrar en aquel lugar.

«Iba de la mano de Pilarcita, su hermana y su otra madre, aunque no tuviera ni los seis años. Le iba contando fabulaciones a Nati sobre lo bien que iban a estar allí. "Lo bien que les darían de comer, la de niñas que habría para jugar..." Reproducía así la hermana mayor las palabras de la auténtica madre, que había intentado prepararlas desde ese momento, cuando supo que tenía que mandarlas a aquel lugar. Por entonces y en su situación, no la mejor, sino la única manera de salir adelante, como repetían las "dos madres" a Nati constantemente. Para Natividad, sin embargo, esos argumentos que le daban no eran más que cuentos para que dejara de llorar. Y, aunque no fuera por aquellas razones que le daba su hermana, como si le fuera la vida en ello, sino por el tiempo, la cuestión es que llegó el día en que, efectivamente, Natividad dejó de llorar.

Es más, con los años llegó a reconocer que quizá su madre hizo lo mejor para ellas, al apartarlas de la miseria tan tremenda que había dejado la guerra, de mantenerlas al margen de tantos vacíos... Al menos en el internado comían y recibían periódicamente la visita de su madre, cada vez más consumida por el trabajo y las ausencias... Lo que no supo Natividad, hasta que fue ya mayorcita, es que todo aquello fue a

costa de la sangre de su padre y de un favor antiguo de su abuelo, que calló, no se sabía qué secreto de su hermano, el tío militar. A saber, qué cosa sería aquella, pensaba Nati a menudo».

Lo que sí aprendieron las niñas en aquel colegio de huérfanas, además de las tres reglas, como quien dice, en el caso de Natividad, fue el descubrimiento de la lectura, más que como un refugio, como un escondite del mundo y, al salir de aquel lugar con sus dieciocho años recién cumplidos, decidió que sería maestra, para enseñar a leer y para dar "refugio" a otros niños.

La anciana, que estaba acabando la labor que tenía entre manos: una colcha para una de sus nietas que se había casado hacía poco, se percató de que hacía rato la luz, de la lamparita de la mesa camilla, ya no le hacía el servicio que necesitaba. Remató la costura, la dejó en la butaca y se levantó, pesada y torpemente. Una vez apoyada en la mesa, sintiéndose más segura, cogió, como cada noche antes de acostarse, la fotografía de su padre, aquel al que un día mandaron a morir o a matar a una batalla de la que nunca supo su nombre, y la besó con la misma ternura infinita de todos los días, mientras mascullaba unas palabras que tan sólo Natividad, y quién sabe si quizá su padre, entendían.

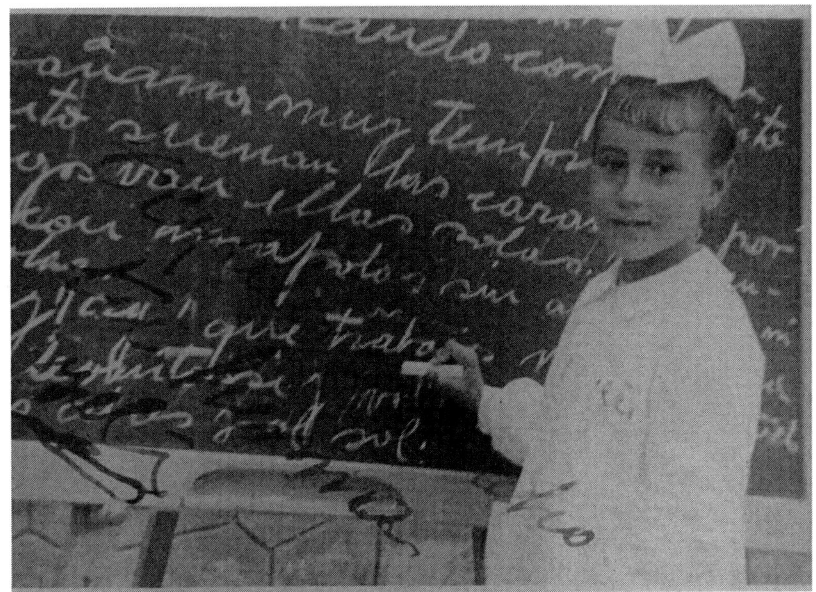

2

AVENTURAS Y DESVENTURAS DE UN NIÑO DE LA GUERRA

En marzo del año 29 nació nuestro niño, Salvador, nombre premonitorio sin duda de lo que se le vendría encima pocos años después. Y es que a este niño le tocaría en gracia ser de alguna forma el salvador de sus hermanillos y de su madre, el salvador siempre de su familia.

No pudo disfrutar mucho de los quehaceres infantiles, que consisten básicamente en jugar todo el día, mancharse siempre que sea posible y dejarse querer. Hasta los seis años Salvador tuvo una vida de niño, salvo por la muerte de su hermano Manuel, Manuelillo.

Toda su vida lo tuvo presente Salvador. No se olvidó de él un solo día y no dejó de llorar a aquel hermano pequeño al que, sin embargo, nunca nombraba, hasta tal punto que su nieta no supo de su existencia sino en el lecho de muerte de su abuelo, que jamás pudo quitarse de la mente aquel fatídico día en el que, cruzando la calle, su hermano se desprendió de su mano y pasó aquel camión.

Quedaron cuatro hermanos, incluyendo a Salvador. Dos niñas y otro niño, todos menores que él. Y anda que no tuvo que pasar fatigas con ellos, como solía recordar a menudo el propio Salvador en voz alta. La pequeña, era una niña lo que se dice de teta, cuando él, con sus siete años, la tuvo que llevar literalmente a cuestas los meses que su madre estuvo en la cárcel. Era noviembre del 36, cuando Pepe, el hermano de Salvador que lc quedaba vivo, montó con otro niño la tremolina por no sé qué asunto de una patada o un empujón al acabar el partidillo de fútbol que estaban jugando en el descampado de enfrente de la que, por entonces, todavía era su casa por la Plaza de las Ventas. La cosa acabó como el rosario de la aurora, no sólo porque los dos chicuelos acabaran descamisados, y con alguna que otra magulladura, sino porque el tío del que había peleado con Pepillo, un cura que no había comulgado nunca con los que pisaban la iglesia sólo cuando se bautizaban o se morían, como sucedía con la familia de Salvador, "no iba a consentir" que el hijo de unos rojos le pusiera la mano encima a su sobrino.

La consecuencia de todo aquello no se hizo esperar, a los días, Herminia, la madre de Salvador, de Pepillo, de Carmencita y de Fina, a la que aún estaba amamantando, fue llevada al calabozo, y en los bajos de la Puerta del Sol se estuvo sus dos meses, llorando como una verdadera Magdalena por los cuatro niños que se quedaban, lo que se dice, absolutamente solos.

Pensó Herminia que eso ablandaría a quien lo escuchara, pero "estaba de Dios" que quien había de decidir el tiempo que allí se pasara, no se iba a conmover precisamente por esas, ni por otras circunstancias. Circunstancias que se cebaron especialmente con Salvador que, con sus siete años, tuvo que hacer de padre de familia, mientras el suyo iba y venía con unas y con otras. Desaparecido de hecho estaba su padre desde el mismo día en que se proclamó el levantamiento de los nacionales. Seis meses hacía que no le veían el pelo por casa. Escondido estuvo todo ese tiempo, mientras su mujer, prácticamente recién parida, como quien dice, y a cargo de otros tres, se tuvo que buscar la vida trabajando como una burra de día y de noche. Mala se acabó poniendo de no dormir y tuvo que echar mano de una vecina cuando ya no podía ni con su alma para que se encargase de los niños un ratito y poderse acostar. Cómo estaría la mujer... Más muerta que viva...

Todas estas cosas todavía las recordaba Salvador a sus noventa y tantos años, y se las contaba a su hijo y a su nieta. A veces, cerraba los ojos, como si la oscuridad le permitiera recordar mejor y traía de su memoria, el día en el que soltaron a su madre y los niños la tiraron por los suelos, de los abrazos tan grandísimos que querían darle. Recordaba Salvador, cómo la mirada de su madre ya no volvió a ser la misma, y cómo regresó de su encierro, más callada y más dura, aunque no con sus hijos, por los que seguía teniendo el mismo delirio de madre.

Recordaba también Salvador, el día que volvió su padre, al poco de que su madre saliera de la cárcel. Uno de tantos regresos. Nunca supo dónde estuvo escondido los primeros meses de la Guerra, ni por qué no los llevó con él. Tampoco se lo preguntó, la verdad sea dicha, porque su padre era más que parco en palabras, y las pocas que decía eran siempre duras, desagradables. Era, según palabras de su propio hijo, que guardaba pocos recuerdos de él y casi todos más bien amargos, un señor intratable.

Quizá uno de los momentos que más le doliera recordar a Salvador, fue la bofetada que le dio a su propio padre, al enterarse de lo de su querida, a la que tenía en palmitas, mientras ellos, sus hijos y su mujer, se morían de hambre, y tenían que trabajar como verdaderos mulos para que él estuviera por ahí de francachela. Y, el hecho de que él tuviera que trabajar más, o menos, a Salvador no le achantaba lo más mínimo, pero que su madre tuviera que estar como una verdadera esclava, deslomadita, mientras su padre estaba, con no se sabe qué pelandrusca, eso sí que no. Y, así, en mitad de la calle, aquel hijo, siempre solícito hasta el extremo, pese a las que su padre les había hecho pasar siempre, le cruzó literalmente la cara a su progenitor. Pero, no se quedó ahí la cosa. Le dijo a su padre que, o su madre, o la otra, y si era la otra, que fuera en ese mismo momento a por sus cosas y que no volviera más por allí. Y así fue. No volvió Salvador a verlo, y casi mejor, se recordaba a sí mismo constantemente, total, al fin y al cabo, cuando aparecía por allí era otra boca que alimentar y otro quebradero de cabeza, y no pequeño, precisamente. Tenía quince años Salvador cuando sucedió aquello.

Este, y otros recuerdos, asaltaban recurrentemente la memoria de Salvador. Sería abril o mayo del 37, porque ya había cumplido los ocho años, cuando tuvieron que coger deprisa y corriendo sus bártulos y marcharse toda la familia, como alma que lleva el diablo para Murcia. La portera, que les tenía lo que se dice bien atravesados porque, según ella decía y les llamaba por toda la vecindad, eran unos comunistas indecentes, denunció al matrimonio por rojos.

En Murcia tenía familia Pepe, el padre de Salvador y sus hermanos, en Santiago de la Ribera, para más señas. Allí les acogió la tía Salvadora de mil amores, que a ella todo lo que fueran niños, la miel sobre la hojuela. El viaje hasta allí Salvador aún lo recordaba, ochenta y tantos años después, como una de las cosas más duras que ha tenido que pasar en esta vida, y eso que, en la Guerra, vio y vivió unas cuantas, como aquella vez que, saliendo de Atocha, un obús, que cayó justo al lado, decapitó a su tío Marcelo y le arrancó la pierna a su primo Jaimito, y a él no le pilló de verdadero milagro. Nunca olvidó Salvador, el caos, aquella polvareda tan enorme, los cascotes, los gritos y la sangre...

Pero volviendo a la huida de la familia a Murcia, aquello fueron palabras mayores, y más, para unos niños tan pequeños. Llegó Salvador, que tuvo que ayudar a su madre cargando a la pequeña, lo que se dice más muerto que vivo. Fue llegar a la casita de la tía Salvadora y tenerlo que meter en la cama. Se pasó unos cuantos días que sólo sollozaba pidiendo patatas a su madre. Pepe, el padre, le quiso dar ese último, y quizá el único, capricho a su hijo, y le hicieron unas patatas viudas, de esas que tanto le gustaron, después, toda la vida a Salvador, sobre todo las de su madre. Nadie las hacía como ella. Y es que, aquellas patatas lo resucitaron, literalmente.

Estuvieron allí, en Murcia, hasta finales del 38. Se murió la tía Salvadora y los hijos de esta no estaban por la labor de tenerlos escondidos en casa de su madre, no fuera a ser que eso les costara a ellos la ruina. Así que, Salvador y su familia, recogieron de nuevo los bártulos y desandaron el camino que habían recorrido hace más de un año, de vuelta a Madrid; un Madrid más asolado, por la guerra y por el hambre y por el miedo, que cuando lo dejaron. Un Madrid donde los odios estaban en carne viva.

La portera de la casa era el claro ejemplo de ello. Salvador y su familia, que suponían que la portera, si es que aún vivía, estaría a otras cosas, ya despellejando a otros y que la cosa estaría ya más apaciguada, se encontraron con que nada más lejos. Se había hecho la dueña y señora del piso de la familia de Salvador. Era una casita pequeña, pero a Pepe, el padre, le gustaba eso de ver la Plaza de las Ventas desde una de las ventanas, por no hablar del hecho de que tampoco podrían haberse permitido jamás un piso mejor que aquel. Tenía que dejar uno casi medio cuerpo fuera de la ventana y hacer una media torsión de cabeza, pero si se conseguía el ángulo adecuado, verse se veían Las Ventas.

Cambió la cerradura Encarnación, la portera, cuando no les había dado tiempo a Salvador y a su familia casi ni a coger el primero de los furgones que les iría alejando de Madrid. Cuál no sería la sorpresa de Pepe y de Herminia cuando, al intentar abrir la puerta, vieron que la llave no entraba, que pensaban que se habían confundido de piso, incluso de llave. Pero la primera ráfaga de ingenuidad del matrimonio pronto fue disipada por el bofetón de realidad y amargura cuando comprendieron lo que pasaba. Escucharon voces y pisadas dentro de la casa, que se iban acercando a la puerta. Destaparon la mirilla al otro lado y la voz, la inconfundible voz de Encarnación, se les clavó en las sienes. O se iban o salía Sebas con la escopeta. Y les recordó, mientras la familia bajaba las escaleras y los gritos se oían hasta su antigua portería, que lo mejor para ellos sería cambiar de barrio, no fuera a ser que viniera por allí su hermano, que ahora era, no sé qué cargo en la Falange y no sé qué medallas le habían puesto en la pechera por su valerosa actuación en no se acordaba qué batalla, por allá por Brunete o qué sabía ella, al poco de marchar ellos de Madrid.

Pero no todo el mundo iba a ser como Encarnación, todavía quedaba gente en el mundo que se apiadaba de ver a una familia como aquella, como tantas otras, por otro lado, en la calle, con sus hijos, con la angustia de no saber dónde meterse, de no saber qué iban a hacer para poder comer.

Un matrimonio amigo de Herminia fue, en ese momento, lo que se dice su salvación. Se encontraron con ellos en el portal de la casa, tras la escena dantesca recién vivida con la portera, con los tres niños pequeños llorando de hambre y las pocas cosas que traían tiradas en la acera. El matrimonio aún no había podido reaccionar. Salvador, que era incapaz de derramar una lágrima, quizá por el propio miedo que sentía en ese momento, en medio de aquel caos, tiraba de la falda de su madre, aterrorizado aún por la amenaza de la escopeta y de la llamada aquella al hermano de Encarna que prometía más que una escopeta.

Pero, a veces en la vida, cuando parece que ya no hay nada que hacer, de repente, como dice aquel, se abre una ventana. El matrimonio mayor reconoció a Herminia, y eso que parecía haber envejecido de golpe unos cuantos años, en unos cuantos meses, y no hizo falta ni que se lo pidieran cuando ya le habían ofrecido un sotanillo que tenían vacío en su casa y donde podían quedarse. Nadie les molestaría. Al fin y al cabo, la finca era suya, y no tenía nada de malo que la que había sido su asistenta durante unos cuantos años, viviera allí con su familia, sería, de cara a la galería, por si alguien preguntaba, como tenerla interna, pero cada uno en su casa...

Y dicho y hecho. Se instalaron en el cuartucho que, para Salvador y su familia, en ese momento fue más que el propio paraíso. Herminia vio el cielo abierto de poder seguir sirviendo para sus antiguos señores, sin embargo, no era suficiente lo que ganaba para las seis bocas que había en casa. Había que buscarle un trabajo a Salvador, repetía una y otra vez su padre. A su madre, en cambio, se le caía el alma; su hijo, que aún no tenía los nueve años, trabajando... Estaba aún muy tierno, pese a todo lo que había visto y vivido... La infancia que ha tenido el pobre entre unas cosas y otras... Tan bueno que es, mi niño, mi niño...

Sin embargo, no fue traumático en absoluto para Salvador, su primer trabajo. Al contrario de lo que su madre pensaba. En una churrería de un conocido suyo consiguió colocar Herminia al niño. El señor Esteban, el churrero, le dijo a Herminia que pagarle, no le podía pagar mucho, tal y como estaban las cosas, pero a cambio, el chico podía comer todos los churros que quisiera. Lo malo fue que Salvador lo tomó al pie de la letra y, al tercer día de estar en la churrería, el señor Esteban se lo devolvió a su madre. Era eso o la ruina. Qué manera de comer. No había visto cosa igual. Qué chico, a dos carrillos se comía los churros y no se hartaba el crío de ninguna manera. En el fondo lo entendía, el hambre... pero el negocio era el negocio, y el chico le iba a suponer la ruina...

En el siguiente trabajo en el que colocaron a Salvador la cosa fue parecida. En ese caso le cogieron para vender bombones helados, garrapiñadas y cucuruchos de pipas en un cine. Unas pocas semanas duró el crío, lo suficiente para que el encargado se diera cuenta de que si la merma de bombones helados y otras chupalandrinas continuaba en la misma dinámica, se arruinaba de todas todas, como el churrero.

Y es que a Salvador, desde bien chiquitín, a goloso, no le ganaba nadie. "Popitos" le llamaban en la tienda de Ultramarinos del barrio y era célebre porque, con dos y tres añitos, le daba por colarse detrás del mostrador y empezar a comer a dos carrillos y a comentar con la clientela lo riquísimo que estaba todo lo que le dejaban degustar los tenderos amigos de Herminia. Pero, con la Guerra, se le acabó a Salvador la tienda de Ultramarinos, los carrillos llenos de dulces, la infancia entera...

Y es que otra cosa no, pero anda que no pasó fatigas Salvador, toda su vida, para mantener, primero a su madre y a sus hermanos y después a su propia familia. Su padre seguía con sus idas y venidas, con unas y con otras...

Del hambre que pasaron en la Guerra y después de la Guerra, prefería ni hablar, aunque acordarse, ya lo creo que se acordaba. Y si no que se lo digan al gato de la familia, blanco, enorme, rollizo como él sólo, que acabó en el puchero en cuanto las cosas se empezaron a poner de un gris oscuro que asustaban. Esa historia del gato, que Salvador contaba siempre con cierta gracia, sin embargo, su nieta, cuando era una niña, no podía ni oírla. Era escucharla y ponerse a llorar todo uno. El abuelo, que se lo contaba para hacerla de rabiar porque se ponía muy graciosa haciendo aquellos pucheros, terminaba la historia siempre con las mismas palabras, "cosas peores comimos en la guerra, hija mía, y eso cuando teníamos que comer".

El llanto de la niña paraba entonces de manera fulminante, como si la hubieran metido en una cuba de agua helada y abrazaba a su abuelo.

Otras historias se las reservaba para él, como su primera y última borrachera. Ay, qué malo se puso aquel día. Se juró y se perjuró al día siguiente de aquella, entre vomitona y vomitona, que él ya no bebía más. Y así lo hizo, una copita de vino con las comidas, ya de bien mayor, fue lo más que bebió en su vida. Anda que no se acordaba de la reprimenda de su madre cuando le vio llegar de aquella guisa... A saber, lo que habían hecho por ahí esos tunantes en esas condiciones... Estaba Herminia acostumbrada a las bromas y a alguna que otra gamberrada, cosas de chiquillos, que a Salvador y a sus amigos de vez en cuando les daba por hacer, pero lo de aquella borrachera ya era cosa seria. Además, se daba la circunstancia de que su hijo era el pequeño, de aquellos con los que andaba, y aunque confiaba ciegamente en él, no confiaba tanto en la buena cabeza de los otros. No andaba desencaminada la señora Herminia. Y un día, los otros, aprovechándose de Salvador, por ser el más jovencillo, le plantaron la gabardina de uno de ellos, parecía enteramente el payaso Pacheli, y le llenaron los bolsillos de botellas de aguardiente, que otro le había guindado de la taberna al padre. La que organizaron por la Puerta del Sol sólo ellos lo saben, pero a puntito estuvieron de llevarlos al cuartelillo si no llega a ser por la intercesión de unos señores que sosegaron a los guardias con algo de labia y bastante ingenio, hablando de juventudes perdidas y de las cosas que más valía hacer de mozos que no después...

Más o menos por aquella fecha, la de la borrachera en cuestión, Salvador encontró otro trabajo. Ya tenía sus trece años cumplidos, todo un mozo, que le decían las señoras del barrio a su madre. Esta vez fueron los tenderos de la esquina de la casa, o por mejor decir, del cuartucho donde estaban recogidos, los que le cogieron de ayudante en el Ultramarinos que regentaban. Eran unas bellísimas personas, Pilar y Paco, pero no pudieron mantener mucho allí al chiquillo, a pesar del afecto que le tenían a él y a la familia, por un incidente que tuvo lugar justamente en la misma puerta del establecimiento y que dio bastante que hablar. Y la cosa no estaba para levantar liebres precisamente...

Estaba Salvador descargando patatas cuando vio cómo se acercaba una parejita por la acera. La chica, agarrada de la muñeca por el novio, aguantaba un chaparrón de gritos y reproches, ininteligibles en la lejanía, vergonzosos cuando ya pudieron ser audibles por Salvador y por todo aquel que tuviera oídos y vergüenza. De la boca del novio salían lindezas hacia su novia, como que no se le ocurriera salir nunca más así a la calle, pintada como una cualquiera, y le metió la cabeza en el barril de los encurtidos que estaba en la puerta del Ultramarinos. Salvador, que no pudo quedarse quieto ante tal salvajada, se abalanzó sobre él y le dio puñetazos hasta que se hartó. La chiquilla no paraba de llorar, no por aquel novio que no volvió a ver, ni falta que le hacía, sino por la vergüenza tan grandísima que estaba pasando, por toda esa gente que se paraba a mirar y que murmuraba y la condenaban a ella con la mirada... Se fue corriendo y a Salvador ni las gracias. Sólo le quedó la amenaza del novio que le juró que ya volvería mejor pertrechado y la puerta... Porque ante el revuelo que se formó y lo que la gente empezó a cuchichear del pasado de la familia de Salvador y a inventar sobre lo que ahí acababa de suceder, no tuvieron otra que despedirle por muy buenas personas que fueran Paco y Pilar.

Y así, una vez más, Salvador dio con sus huesos en la calle. Si bien es verdad que, en este caso, no hay mal que por bien no venga, y gracias a aquel suceso de los novios y las aceitunas, un señor que lo vio todo, y se enteró a los días de que el chiquillo había sido despedido a causa del tal suceso, se hizo con sus señas y se presentó en la finca donde seguían malviviendo Salvador con su madre y sus hermanos. Para aquel entonces su padre había vuelto a hacer mutis por el foro con alguna. El caso es que aquel señor, el tío Crescencio le llamaban, que casi rondaba ya la ancianidad, se personó en aquel lugar para ofrecerle a Salvador lo que sería la oportunidad de su vida.

El tío Crescencio, admirador de ciertos valores que él consideraba perdidos y que viera en el joven Salvador el día de la trifulca de los novios a la puerta del Ultramarinos, decidió contratarle como aprendiz en su taller. A Salvador, que no se podía creer que aquello estuviera pasando, le faltó el tiempo para aceptar, con los ojos cerrados, aquel regalo que por fin le ponía delante la vida como una oportunidad prometedora de sacar por fin a su familia de la miseria y darles un porvenir. De tener él mismo un porvenir.

De hecho, así fue. El taller del tío Crescencio, que estaba muy bien situado, muy cerca de la Glorieta de Cuatro Caminos, al lado del Mercado de Las Maravillas, contaba con una clientela fija excepcional, de mucho dinero y coches de los que rara vez se veían circulando por las calles de la ciudad. Y es que el tío Crescencio tenía muchos y muy buenos contactos. Y él sólo pedía esfuerzo, lealtad y discreción. Cosas con las que cumplió Salvador los más de cincuenta años que estuvo trabajando en aquel taller. Primero para el tío Crescencio, después para sus herederos.

Ni qué decir tiene lo orgullosa que se sentía Herminia de que su hijo estuviera allí colocado, como un señor. A todas la vecinas y conocidas les decía lo mismo, el mérito que tenía su niño, lo que les había cuidado a ella y a los hermanos, lo que había trabajado siempre, desde bien pequeño, el futuro tan bueno que se había labrado en el taller en el que empezó barriendo y de chico de los recados, y cómo acabó aprendiendo el oficio y siendo un mecánico y un pintor de coches de lo mejorcito de Madrid, que se lo rifaban los talleres, que de no haber sido tan leal habría dejado plantado al tío Crescencio... Porque había recibido ofertas, y muy buenas, para cambiar de taller. Pero Salvador siempre decía lo mismo... "Yo nunca me olvido del que me ayudó y del que me da de comer. A él le debo lo que tengo y lo que soy. Y aquí me quedo". Y así fue. Hasta que llegó la hora de la jubilación y, aunque se resistiera como gato panza arriba, toda la lealtad que él tuvo hacia el tío Crescencio y su familia, fue la que les faltó a ellos, que le dieron el finiquito o la patada, llámese como quiera, de la peor manera posible.

No pudo entender esa manera de ser y proceder Salvador, que estuvo llorando en el sofá sin salir apenas a la calle los primeros meses desde que le dieran boleto en el taller. Su mujer, Rosa, le consolaba, y le repetía que el problema era de ellos, que eran malas personas y que él tenía que estar bien orgulloso de lo honrado y trabajador que había sido toda su vida.

Y, al fin, parece que, de oír estas palabras como un soniquete por boca de su mujer, a Salvador se le terminó por ir quitando, primero, el grandísimo enfado que tenía, después, aquella tristeza tan inmensa que no le dejaba vivir. Y volvió a salir a la calle, a dar largos paseos, a visitar a sus amiguetes de *La Alegría*, la taberna de la esquina, a llevar a su mujer, Rosa, y a su nieta, a comprar dulces a *Casa Mira*, a sentarse plácidamente en su sillón favorito, a cerrar los ojos mientras recordaba a su madre, a sus hermanos y hacía recuento de todas sus aventuras y desventuras mientras, entre sueños, se dibujaba en su rostro rastrillado de arrugas una lágrima o una sonrisa.

3

HASTA EL DÍA EN QUE TÚ Y YO YA NO SEAMOS NADA

Jamás imaginó lo que encontraría en aquella lata antigua de galletas, enterrada, entre otros recuerdos, al fondo del armario de su abuela. Ella ya no estaba para contárselo, aunque sospechaba que ni aun preguntándoselo directamente lo habría hecho. Si hubiera querido, ya lo habría hecho en tantas y tantas horas que pasaron juntas, pero ni siquiera había oído nombrar a aquel hombre que escribía algunas de esas cartas que encerraba aquella caja y que era el receptor de otras tantas.

Una fotografía, en más negros que blancos, con los bordes carcomidos y amarillentos por tantas décadas pasadas, le mostró un rostro que la nieta de Adela jamás olvidaría. Era el rostro del verdadero amor de su abuela. Primero, fue tan sólo una intuición, un escalofrío, un pálpito, al ver a aquel joven moreno, de ojos húmedos e infinitos, que miraba a un horizonte incierto con aire pensativo.

Tal era la pose de algunos retratos de la época. Al reverso de la tal fotografía, que removió por un momento los cimientos, los resortes más íntimos de Julia, estaban los recuerdos, la memoria de su abuela. Y, detrás de aquel retrato, leyó las siguientes palabras, que le golpearon directamente, en el mismo centro del pecho, hasta darle la impresión de dolor físico:

A mi Adela:

Guardaré tu amor en el corazón, en el alma misma, hasta el día en que tú y yo ya no seamos nada, y mis manos y mis ojos, que siempre han sido tuyos, sean ya de la tierra.

Tu Antonio
Santander, 13 de abril del 1936

Tras esta fotografía, llorada por su abuela durante tantas horas, tan tristes, tan largas, otras del mismo hombre. En una de ellas, en la última que guardaba su abuela en aquella lata de galletas, estaba vestido de militar, de cuerpo entero, firmada en Madrid a finales de julio del mismo año.

El resto de los retratos eran ya de la abuela de Julia, dedicados también, aunque esas fotografías, por lo que parecía, nunca fueron enviadas, y mucho menos recibidas. Las dedicatorias siempre rezaban:

A mi Antonio:

La luz de mis días. Te querré hasta que tú y yo ya no seamos de este mundo, hasta que nos encontremos en el otro.

Tu Adela
Madrid...
(La primera fechada en el 36,
la última en el 38).

Continuó Julia sacando papeles, fotos y cartas. En ellas, encontró los pedazos de aquella historia, de aquel amor que, como tantas historias, tantos amores, tantas vidas, habían sido sesgados por la guerra.

En esos trozos de papel, dos vidas enteras, el intercambio de sueños, de anhelos, los planes de boda, las ilusiones, la noticia del levantamiento militar, la llamada a filas, el desconsuelo de la futura viuda, que nunca llegó a ser esposa, las promesas de reencuentro, la intuición de la muerte, las noches en vela, los días en el frente, el hambre, el miedo, la soledad, el frío... Juramentos y juramentos de amor, promesas de eternidad, noticias de que lo peor había sucedido al fin...

En esta última carta, que tenía las letras aún más borrosas que el resto y la tinta en muchos puntos insinuada y difusa por el llanto y el tiempo, podía leerse, no sin dificultad, la notificación oficial de la muerte de Antonio. La carta, dirigida a Adela, la escribía la madre de este. Trazos borrosos, confundidos con lo que, sin duda, eran lágrimas, quién sabe dónde empezaban las de una y acababan las de la otra, relataban el terrible suceso.

Al amanecer, unos disparos acabaron con su vida y con la de sus dos compañeros de celda, de miedos, de miserias, en aquellos días. Los últimos. También la última carta. Contaba la madre de Antonio, lo extraño, lo repentino, lo oscuro de todo aquello. No podía entender nada, si es que había algo que comprender. El día anterior, sin ir más lejos, había llegado de Santander, para visitar a su hijo en la cárcel. El viaje, largo, penoso, tristísimo, mereció la pena al fin y al cabo porque, tras un sinfín de penalidades, y otros tantos horrores presenciados por el camino, consiguió que se lo dejaran ver. Sólo fue un momento, pero le vio y le pudo besar las manos a través de las rejas. Él preguntó por su padre, enfermo desde antes de la guerra y postrado en cama. Preguntó por sus hermanas, tan jovencillas ellas, tan expuestas a todo lo que pudiera venirles... Y por supuesto, le habló de Adela, de su intención de casarse con ella, de lo buena muchacha que era, de la suerte que había tenido en encontrarla... No les dio tiempo a más.

Y esa fue la última vez que madre e hijo se vieron, y la última vez que Antonio pronunciara el nombre de Adela en voz alta, aunque no dejara de susurrarlo, de gritarlo en su cabeza. Ella nunca dejó de estar presente para él, y le acompañó hasta sus últimos minutos. Estuvo con él, en sus pensamientos, hasta que aquel hombre, fusil en mano, abrió la celda de Antonio y sus compañeros y les instó a salir de allí, a que corrieran, a que escaparan... Antonio bien sabía lo que pasaba. Ya lo había oído otras noches. Ya habían invitado antes a otros a que hicieran lo mismo. Y el final, siempre el mismo. Ley de fugas o algo así se llamó aquello, aunque a él entonces como se llamara a eso que iban a hacer con ellos, le traía sin cuidado. Sólo podía pensar en ella, en Adela y en todas las promesas, en todas las ilusiones que, en ese momento, como si tal cosa, se llevaba la muerte.

Cuatro tiros por la espalda. El pensamiento en ella mientras moría. Después, el silencio.

Adela, durante los años que vivió, le tuvo también siempre en la mente, hasta tal punto que no había día que no pensara, aunque sólo fuera un momento, en Antonio, su Antonio... Y pese a que se casó, y tuvo sus hijos, sus nietos, no dejó de preguntarse jamás cómo hubiera sido su vida con él, cómo hubieran sido sus hijos, sus nietos, si hubiesen sido de él...

Se hacía tarde. Julia debía volver a su casa, a su propia historia, aunque nunca olvidaría la impresión que le causó descubrir lo que para algunos serían simplemente los recuerdos del amor que se tuvieron dos muertos. Y mientras Julia devolvía las fotos y las cartas, con sumo cuidado, una por una, con lágrimas en los ojos, a la que había sido la tumba de la historia de aquellos, de Adela, de Antonio, y cerraba aquella caja de hojalata olvidada al fondo del armario de su abuela, resonaban aún en su cabeza aquellas palabras:

Hasta el día en que tú y yo ya no seamos nada...

4

Las últimas golondrinas de Madrid

Amaneció Madrid tomado, las calles sangraban de voces, de llantos... Las bombas de la noche anterior apenas habían dado tregua. Resonaban aún las sirenas en las cabezas de los insomnes y en las pesadillas de los que, rendidos, se doblegaban al sueño. Sin embargo, nada impidió que, en aquel amanecer de septiembre del 1936, Julia dejara a sus hijos, en la puerta de su hermana Teresa.

No fueron heroicos los motivos de aquella determinación. Nada más lejos. Los abandonó allí para empezar a vivir ella. Eso es al menos lo que Teresa les decía a sus sobrinos cuando los niños preguntaban por su madre. Poco a poco, año a año, empezaron a perder esa costumbre. Podría decirse que se resignaron al fin, aunque en su fuero interno jamás olvidarían aquella madrugada en la que su madre les sacó de la cama, casi a empujones, les obligó a vestirse, a guardar sus cuatro cosas en una maletita.

—No seáis remolones, hay que llegar donde la tía Teresa antes de que se levante. Ya sabéis que es muy madrugadora. Vosotros os quedáis en el descansillo quietecitos hasta que ella salga. ¿Me habéis entendido?

En efecto, Teresa, aquella mañana, al abrir la puerta de su casa en la calle Bordadores, en el número tres, para más señas, se encontró aquella estampa.

No podía creer que al final lo hubiera hecho, que su hermana Julia hubiera tenido la desvergüenza de deshacerse de los niños, de sus hijos. Y todo para irse con el francés aquel, con el tal Marcel ese, que la tenía desde que se vieron la primera vez, lo que es con el seso sorbido de todo punto. No, no la reconocía, esa no era su hermana, con la que había crecido y había pasado tanto. Huérfanas de padre y con una madre tísica perdida, estuvieron abocadas a trabajar duro, pero que muy duro. Era eso o morirse de hambre, literalmente. Con lo bien posicionada que estaba Julia, que podía haber tenido una vida tranquila, la vida resuelta como quien dice, manda a su marido, con lo bueno que era y lo bien que ganaba, a freír puñetas, abandona a sus hijos y se va a ver mundo con aquel, y con la que está cayendo... Menos mal que Manuel había muerto hacía poco y no le dio tiempo a ver lo que haría su Julia con sus propios hijos.

—Pasad, hijos, pasad, qué remedio... No lloréis, sobre todo no me lloréis. Bien sabéis vosotros lo que pasa, ¿eh? No hace falta que nadie os diga nada de lo que ha hecho vuestra madre, ¿verdad? Ya sé yo que no. Sois muy listos y además muy buenos chicos. Saldremos adelante, así que no me lloréis, sobre todo, no me lloréis...

Luisa y Mateo se acordarían toda la vida de aquellas palabras de su tía que, a pesar de aquel primer golpe que encajó como pudo, siempre los quiso y los cuidó como la madre que no quiso hacerlo, como el padre que no pudo. "A la fuerza ahorcan...", solía decirles, cosa que los chiquillos jamás tomaron a mal porque el tono de su tía era ese de melodrama que solía poner cuando bromeaba. El no tomarlo por lo trágico, al menos delante de ellos, era lo mejor, sin duda, lo que pensara, lo que sintiera ella por su hermana Julia desde aquello era capítulo aparte.

No era, sin embargo, Julia una madre desnaturalizada del todo, o al menos ella no se tenía en tal concepto, porque no dejó de pensar en sus hijos ni un solo día. Podría decirse que, a su manera, le asaltaban remordimientos, unas veces livianos y más llevaderos mientras estuvo con su Marcel, sobre todo, en los primeros tiempos de enamoramiento, y dolorosos como clavos en los ojos en los últimos días de su vida, solitarios y tristísimos.

Se preguntaba por ellos cada vez más a menudo, cada día de manera más recurrente, desde que los dejó, aquel día en que el otoño se apoderó de Madrid con todo el esplendor de lo que se sabe decadente, marchito y majestuoso al mismo tiempo, como una condesa de esas que pintaba Madrazo, pero vista en el ocaso de sus últimos días. Qué habrá sido de ellos, sobrevivirían a la guerra, habrán pasado mucha necesidad, cuánta hambre habrán tenido, cuánto frío... Se preguntaba también constantemente cómo se las habría apañado su hermana Teresa, que ya de por sí vivía con lo justo, en plena guerra, en mitad de aquella matanza, sola con dos niños... No, no quería imaginarlo siquiera. Eran sólo unos niños. Mateo, Luisa...

Pensaba en estas cosas mecánicamente Julia cada vez que se ponía a fregar las mesas de la tabernita, de bastante mala muerte, en un barrio de las afueras de París, que regentaba, junto con su francés que, por cierto, no le dio la buena vida que ella se imaginó cuando se escapó con él, sino más bien todo lo contrario...

Se podría decir que, cuando se quedaba sola, o en silencio, la imagen de sus hijos se le representaba tal cual fueran fantasmas que vinieran a llevársela al otro mundo. Los veía en su cabeza, una y otra vez, como la última, tumbados, acurrucados en el descansillo de aquella ruinosa casa colindante con la Plaza Mayor. Se acordaba entonces, inmediatamente, de lo que les decía a Luisa, a Mateo, cuando solían ir a visitar a la tía Teresa. Eran circunstancias distintas y bastante más felices. Al atravesar, desde la calle San Isidro a Bordadores, iban los niños cantando, riendo, corriendo por las calles, jugando a ser pájaros. A veces los acompañaba su padre, Manuel, cuando entraba más tarde al taller de reparaciones de aparatos eléctricos que tenía en el número 40 de la calle Huertas.

Eran aquellos días felices, tan distintos, tan lejanos a estos... Iban dejando los dos hermanos a su paso estelas de risas infantiles que rebotaban en los adoquines centenarios de la Plaza Mayor. Resonaban las pisadas de los niños, en las piedras grises, pulidas, como si estuvieran permanentemente mojadas, como recién amanecidas, y en los muros repletos de ojos, de bocas de piedra, de madera carcomida, quedaron para siempre en su recuerdo, como atrapadas en el tiempo y en el espacio, las palabras que solía decirles, siempre en ese mismo tramo, Julia, su madre: ¡Ay mis golondrinitas, las golondrinas más bonitas de todo Madrid!

Y eso es justamente lo que parecían los dos niños, Mateo y Luisa, dos golondrinas alegres, hermosas que, con los brazos abiertos, oscilando de un lado a otro, se cruzaban, se esquivaban, se rozaban las puntas de los dedos con el pelo del otro, y reían, reían con esas carcajadas agudas que lanzan los pájaros en los primeros vuelos de sus primaveras.

Pero, desde aquel día de septiembre del 36, esa misma madrugada en la que vieron a su madre por última vez, se olvidaron de volar, se olvidaron de reír. Sin embargo, el tiempo, si no lo cura todo, al menos lo dulcifica y, en esto, su tía Teresa tuvo mucho que ver. Empezaron los niños de nuevo a sonreír, al principio, tímidamente y sólo el uno al otro, por miedo, quizá a que les sobreviniera otra desgracia, después, también a su tía, que hizo lo impensable por mantenerlos a salvo durante la guerra, que pasó, toda el hambre, todo el frío, que puede resistir una persona porque ellos pasaran algo menos...

Atendió Teresa, en todo lo que supo y pudo, a sus sobrinos y, de haber podido, también les habría asistido en sus sueños, porque era ahí precisamente donde se desataba todo el horror contenido, toda la tristeza que, gota a gota, les había ido nublando el alma entera. De todo lo que vieron y vivieron esos tres años, darían buena cuenta sus pesadillas, ya durante toda su vida.

Algo parecido vivió su madre, hasta el abandono, que esta vez fue el suyo... Podría decirse que Julia murió con el mismo hierro con el que mató la infancia de sus hijos. Marcel, su Marcel, una vez instalados en París, con la tabernilla funcionando y retomadas sus antiguas relaciones y amistades, o bien cambió, o bien se mostró como realmente era, eso Julia nunca lo supo, ni lo pudo comprender, pero el hecho es que le hizo la vida completamente imposible. Eso es en lo que se podrían resumir los años que pasaron juntos allí en París, después de los primeros meses del enamoramiento ciego, absurdo, desenfrenado, hasta que un día, después de una borrachera tremenda y la pelea posterior de rigor, cogió Marcel la puerta de la buhardilla mugrienta donde vivían, desde donde se oía cada tren, de noche y de día, como un recordatorio perenne de que hay más vida que la de uno mismo, y simplemente se fue.

Tiempo después, muy poco tiempo después, Julia supo, por quién había sido intercambiada, sustituida y si bien no le arrendaba la ganancia a aquella desgraciada, sí, se sentía aún más culpable, más miserable, más cobarde, por lo que hizo. Pensó en sus hijos de una manera nueva, diferente, con un peso que no había sentido antes, con una tristeza, una vergüenza, una culpa que eran como una losa imposible de sostener. Se ahogaba, se ahogaba..., llegaba a marearse incluso cuando ese sentimiento se le hacía tan intenso. No es que no lo hubiera pensado antes, no es que no hubiera sentido que, desde aquel día de septiembre del 36, había condenado su vida, perdiéndolo todo... Pero, de pronto, pareció comprender al quedarse sola, que a los que condenó fue a sus hijos, a su hermana Teresa, pero, sobre todo, a sus hijos... Aun así, hizo lo que hizo, y no teniendo valor ni fuerzas para tanto peso, para tanta culpa, para tanta vergüenza, para tanta tristeza, simplemente se dejó hacer por la vida y por los que se fue encontrando por el camino, algunos de mejor catadura moral que otros, pero qué iba ella a exigir a esas alturas... Dejó que el tiempo y que la existencia pasaran, sin más, como si hubiera perdido toda identidad, como si Julia, jamás hubiera existido.

No fue así con sus hijos. Luisa y Mateo, consiguieron crecer, sobrevivieron a la guerra, tuvieron hijos, tuvieron nietos, llegaron a viejos... Y cada año, el recuerdo de la que fue su madre se fue diluyendo en su memoria. Y la figura, o más bien el recuerdo, que durante un tiempo representaba la pena, el desamparo más infinito, su madre, se fue dulcificando, fueron perdiendo por los años y las circunstancias de la vida, el sentimiento de rencor. De los conatos de odio que en algunos momentos les rozó el alma a los dos hermanos, tampoco quedaba ya ni rastro. Tan sólo les quedó con el tiempo una nebulosa de recuerdos felices o cotidianos con ella. Es lo que se permitieron conservar, recordar de su madre. Sólo enturbiaba, de cuando en cuando, a esos pensamientos, otro que se cruzaba sin que pudieran evitarlo, el de la última vez que la vieron. Quizá si se hubiera explicado, si se hubiera despedido al menos...

Pero Julia, a su manera, sí se despidió, aunque ya fuera tarde y sus hijos jamás lo supieran... El día en que ella, enferma, alcohólica, solísima, murió en la penumbra de aquella buhardilla inmunda de París, pensaba en sus hijos, en Luisa, en Mateo, jugando a ser pájaros. Ellos fueron su último pensamiento.

Aquel mismo día, desde el balcón de la alcoba de la tía Teresa, también enferma, tocada de muerte, los hijos de Julia, que la acompañaron siempre, miraban, cómo marchaban un año más a pasar el invierno las últimas golondrinas de Madrid.

5

HISTORIA DE UNA CASA DEL CENTRO

El día que empezaron a levantarla sobre las ruinas del antiguo convento de Santo Domingo El Real, que había ocupado lo que hoy es la Cuesta y parte de la Plaza de Santo Domingo, llovía como hacía tiempo no llovía en Madrid. Tanto es así que, Antonio Gutiérrez, arquitecto de Corte y Gentilhombre de Alfonso XII, reconocido y admirado en la Villa, y lo que no era la Villa, por sus magníficas construcciones, casi todas ellas civiles, sencillas de ornamentos, pero majestuosas en su conjunto, decidió suspender los trabajos hasta que cesaran las lluvias, que ese año dieron poca tregua.

El trece de abril de 1878 se puso la primera piedra de aquella finca del número dieciséis de la Cuesta de Santo Domingo. Su historia anterior, que formaba parte de sus mismos cimientos, es digna de un capítulo aparte. La casa se construyó sobre el solar que dejó el primer convento de Dominicos de Madrid, fundadores de la misma Inquisición, y demolido con la Desamortización de Mendizábal. El gran complejo conventual donde se asentó Santo Domingo, nombre que heredarían la Plaza y Cuesta, ocupaba toda la manzana y estaba dividido en una parte de monjes y otra de monjas, eso sí, cada uno en su casa, o convento, y Dios en la de todos, como suele decirse.

Anécdotas variopintas yacían bajo las vigas y los muros de la finca, algunas históricas, otras de leyenda. Instaurado allí el primer Tribunal de La Inquisición, bajo tierra, aún quedaba su rastro en forma de pasadizos, y criptas. Bajo el tal convento, en sus celdas de prisioneros, de tortura, pasaban sus últimas horas en este mundo los condenados, antes de ser conducidos a los juicios, si así podían llamarse, que se oficiaban en La Plaza Mayor, y en otras plazas contiguas cuando esta no daba abasto.

Otros terribles hallazgos se encontraron al levantar la casa del número dieciséis, como los frutos de los encuentros de algunos monjes, que yacieron con algunas monjas del convento aledaño. Y aquellos frutos de aquellas uniones, en distintos periodos de desarrollo o gestación, y que serían encontrados siglos después, a modo de siniestras catacumbas de horror y vergüenza, enterrados en esos muros, ocultos, como el secreto inconfesable que eran, quedaron con las obras al descubierto.

En esa casa, que se acabó de construir dos años después desde que se iniciara su puesta en pie, se instaló al poco el creador de la misma, el ya citado Antonio Gutiérrez, que coronó, al finalizarla, la puerta de entrada con las iniciales *ID*, Isabel Domínguez, su primera esposa a la que regaló la finca. Jamás imaginaron que habitarían entre los muros de aquella casa sus descendientes hasta cuatro generaciones después. En efecto, allí nacieron y murieron sus hijos, sus nietos, biznietos...

Si aquella casa pudiera contar su propia historia, toda la Historia, todas las historias de las que fue partícipe o testigo, se tardaría una vida entera en recorrerlas todas. Sus paredes habían visto y callado tanto...

Nunca fue precisamente una casa ampulosa, de esas llenas de estucos y florituras en su fachada y portal. Nada más lejos. Era de una sobriedad sencillamente perfecta. Les recordaba al verla, cuando pasaban por delante a algunas mujeres, a una de esas casas de muñecas que siempre pedían a los Reyes de niñas y que nunca pudieron tener. Aun en los años en que se caía literalmente la fachada de la finca a trozos, debido a los bombardeos que estuvieron a punto de destrozarla durante la Guerra y, pese a ese color marrón como de fábrica decadente del siglo XIX o de postal antigua, siempre tuvo aquella casa un halo peculiar, que sin saber por qué la hacía única, especial.

Nadie se podía imaginar todas las vidas y todas las muertes que contuvo en sus muros, todos los alumbramientos y todas las almas. Todos los seres que en ella durmieron y soñaron, que amaron y que un día dejaron de ser.

Pero, sin duda, si aquella casa hubiera podido hablar, habría deseado que la echaran abajo antes de la Guerra. Si hubiera podido elegir, habría evitado sentir aquellas heridas en sus cimientos, en sus paredes, en sus entrañas, donde sufrió el miedo, sintió la muerte. La noche y las sirenas, que anticipaban el horror que venía siempre después, le recordaban lo vulnerable de sus muros, de su tejado, de sus cristales, de la pareja de ancianos que vivía en el cuarto, de la familia del quinto que había tenido hacía pocos meses un nuevo bebé, de la señora viuda del segundo, prácticamente inválida, de todos los vecinos que la habitaban y la llenaban con sus cuerpos y con sus almas. No sabía si podría resistir aquellas bombas, no sabía si ella sería suficiente para mantenerlos a salvo.

Efectivamente, algunos de los vecinos, murieron víctimas de aquella sinrazón, de aquella sangría que evidenciaba una vez más, hasta lo que la propia casa sabía, hasta dónde puede llegar el ser humano a la hora de mostrar la peor de sus facetas... Murieron Doña Loli y su hija Teresita, que vivían en la buhardilla, Doña Pilar y el señor Paco, que regentaban el Ultramarinos de la esquina y vivían en el sotanillo de la casa, también murieron, aunque no fueron los únicos que lo harían aquel día de noviembre del 36. Las primeras fueron desmembradas y sepultadas por un obús que dejó también a la casa tocada de muerte. A los segundos, que quedaron absolutamente irreconocibles, les pilló otra de las bombas cuando entraban por el portal.

A la casa, como hemos dicho, también la Guerra le dejó sus secuelas de las que tardaría casi una generación de vecinos en recuperarse. La misma bomba que mató a doña Loli y a su hija, le arrancó de cuajo medio tejado y parte de la fachada y dejó parte de la estructura *de mírame y no me toques*. A los pocos meses, se desplomó otra parte del tejado y las buhardillas se le quedaron sin inquilinos durante unos cuantos años.

Desde aquello, con las sirenas que anunciaban los bombardeos, la casa temblaba y los vecinos para sí pensaban si sería por el daño que había sufrido con las bombas o simplemente porque tenía miedo.

Por supuesto, que estas ideas peregrinas no podrían ser ni de lejos comprendidas por nadie ajeno a la finca, pero lo cierto es que, para aquellos que la habitaron, suscitaba ese sentimiento, algo más que apego, tan difícil de explicar hacia algo material... Ese halo especial que decíamos antes.

Todo en ella era entrañable, conocido, reconfortante: el olor al entrar en el portal que, acompañado de una brisa leve, cortante, y a la vez rancia, era capaz de traer aromas de otros siglos, a madera, a rejas, a metal corroído... Era algo inconfundible y propio de esa casa, uno de sus signos de identidad, como la barandilla de palo de rosa, que se contoneaba brillante hasta el quinto piso, que tanto miedo le dio siempre a Alicia, la niña que vivía en el tercero, sin saber bien por qué... Las escaleras de madera, irregulares, gastadísimas, sobre todo, las de los primeros tramos... Aquellos banquitos, mirándose uno a cada lado del rellano, entre el segundo y el tercero, adosados a la pared, viejísimos... Los grandes ventanales que, desde la escalera, daban al patio, inmundo, pequeño, que cada día se descascarillaba un poco más, como si siempre estuviera mudando la piel, y que guardaba las voces, los olores, tan dispares que salían de los pisos, tan dispares como los vecinos que los ocupaban...

Pero donde residía realmente el alma de la casa era, sin duda, en las buhardillas. Aquellas que se desplomaron en aquel otoño del 36 y que albergaron, además de algunas almas, los tesoros, basura de los vivos, reliquias olvidadas de sus muertos.

Para la propia Alicia, la niña que tenía miedo de pasar del tercero, y que era la biznieta del propio Antonio Gutiérrez, padre de la finca, desde bien pequeña, aquella casa, su casa, fue fuente de ensoñaciones y también de terrores, más o menos infundados. No a los muertos en sí, muchos de ellos de su propia familia, de su propia sangre, era más bien temor a que no les gustara que anduviera revolviendo sus recuerdos, sus cosas. Era una especie de extraña superstición.

Pero la curiosidad terminó por ganar al miedo y Alicia decidió subir a la buhardilla sin que su abuela, que se encargaba de ella por aquellos días, se percatara, por supuesto. De lo contrario, jamás se lo habría permitido.

Con la respiración contenida, pasó por delante de las puertas de los dos pisos de la quinta planta que tanto reparo le habían dado siempre, después, unos cuantos peldaños más, un poco de oscuridad más, un poco de humedad más, y ya estaba frente a la puerta devastada por la carcoma, la puerta que daba a la buhardilla, al corazón, al alma de la casa, donde se guardaba la memoria de tantos que en aquella casa habían sido.

Y allí estaba ella, rodeada de muebles centenarios, artilugios de todo tipo, cuadros, muñecas y otros juguetes, sobre los cuales el tiempo había dejado costra, nubes de polvo y más polvo que lo envolvía todo como si fuera un papel de seda hecho de humo, de ceniza... Una vajilla en miniatura con la que jugara alguna niña como ella, que viviera como ella en esa casa, más de siglo antes... Fotos y retratos, algunos de los cuales, al principio, le costaba mirar de frente.

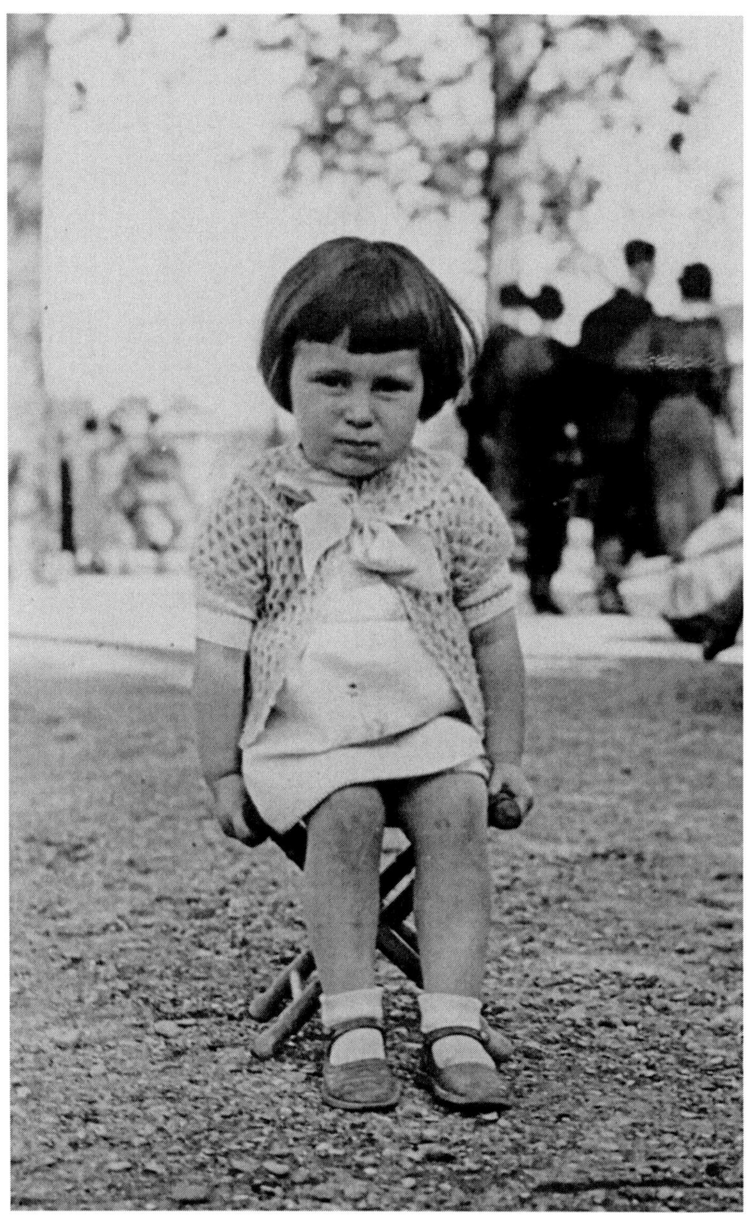

Se sentía observada e incluso juzgada por esos ojos que también la miraban a ella y sólo a ella. Esas personas muertas parecían estarle interrogando sobre sus intenciones en ese lugar, sobre su procedencia, sobre su propio destino... Discos de pizarra, periódicos amarillos, secos. Un pastillero de plata con una fecha grabada, una jofaina de juguete, chiquitita, con su jarra, quizá de la misma niña de alguna de esas fotografías...

No se podía imaginar Alicia que esas cosas, esos recuerdos, serían lo último que viera. En plena contemplación de esos hallazgos, que eran tesoros para ella, una de las bombas que cayó aquel día sobre la casa del número dieciséis de la Cuesta de Santo Domingo, en pleno centro y corazón de Madrid, se llevó la vida de la niña y de otros tantos vecinos...

A las pocas semanas, sería la abuela de Alicia, que la crió como una verdadera madre, la que muriera en esa misma casa, pero en ese caso no fue una bomba lo que la mató. Murió de pena, dejó de comer, de dormir, enfermó de los nervios, de tristeza... Así que podríamos decir, sin temor a equivocarnos, que fue la abuela de Alicia, otra víctima más de la Guerra.

La casa fue sepulcro de sus vidas y de sus almas, como de otros tantos antes. Pero, lo cierto es que la casa sintió especialmente la pérdida de la niña. Nunca había conocido a un habitante tan particular como Alicia, siempre apegada a ella sin saber por qué, como si alguien tirara de un hilo invisible desde lo más interno y secreto de su ser hacia la casa, su pasado y sus muertos, que no había conocido, pero que sentía como suyos.

Tal era su apego por aquel lugar que, después de la muerte de la niña, muchos vecinos afirmaban que no se había marchado de allí y que, hasta a través de las paredes, se la podía presentir.

Y es que la casa supuraba de recuerdos, de los otros tantos que allí habían vivido, sí, pero en especial de los suyos. Cercanos, recientes todavía, tiernos como una herida mojada. Las tardes de verano de Alicia junto a su abuela, a la que tantísimo quiso, permanecían aún en la memoria de la antigua finca de la familia. Eran aquellos días largos, como si las horas se expandieran y dilataran blandamente, sin medida. Eran aquellas tardes frescas, como si la casa viviera en una penumbra perpetua, casi cavernosa, con su amplio laberinto de habitaciones y pasillos. Como un gran sarcófago de recuerdos, de vivos y de muertos.

En esas charlas, en el cuartito de la abuela, alrededor de la mesa camilla, las dos, las últimas descendientes de Antonio Gutiérrez que vivieran en aquella casa, hablaban y hablaban, y así pasaban los días, hablando y queriéndose, queriéndose mucho, como sólo una abuela puede querer, como sólo una hija puede desear.

La abuela le contaba muchas veces a Alicia los orígenes de la finca, le hablaba de su tatarabuela, la mujer a la que el arquitecto dedicó y regaló la casa. Le habló de la segunda señora del señor Gutiérrez, su tatarabuelo, que no era otra que la criada, que era mucho mayor que él y llevaba una pata de palo, pero que cuidó a los hijos de aquel con todo el amor del mundo. Y por eso, él la quiso tanto, pese al revuelo que se formó con este matrimonio en la alta sociedad madrileña de la época. Le contó también, Blanca, que así se llamaba la abuela de Alicia, la historia de su padre y de su madre, que era de París... A la niña todos esos relatos le fascinaban, hasta tal punto que deseaba que llegara el día siguiente para que su abuela, que parecía una auténtica *Sherezade*, continuara contándole alguna otra anécdota del pasado.

Y aquel día, en que aquel bombardeo se llevó medio Madrid por delante, incluida de vida de aquellos vecinos, de Alicia, aquel día en el que acabaron tantas historias, también las suyas, se acabaron también aquellas que oía la niña por boca de su abuela, que quedó desde aquello literalmente muda. No volvió, de hecho, a despegar los labios hasta que, en su lecho de muerte, pronunció: "Que me pongan con ella, que me pongan con mi niña".

Y así, aquella casa del centro de Madrid que vio tanto, que sabía tanto, que recuerda tanto... fue la cuna y la tumba de tantas almas, de tantas vidas, de tantos personajes variopintos a lo largo de los siglos: señores y criados, una familia de pianistas, otras tantas de locos, una comadrona, una sastra, empleados de banca, un par de ingenieros, tantas mujeres sabias, varios cocineros, y algún fraile, hasta al rey Pedro I El Cruel y su conocido fantasma tuvo entre sus muros.

Pero, las más queridas para ella, sin duda, fueron aquella abuela y aquella nieta que tanto la amaron también, aquellas cuyas almas quedaron ya siempre entre sus muros, cuyas palabras, suspendidas como un eco de su existencia, la seguían llenando de vida, como si nada hubiera pasado, como si la muerte nunca hubiera estado allí. Y así, siguieron la nieta y la abuela, mientras siguió la casa en pie, asomadas a la ventana de su cuartito, charlando, mirando por la ventana, como hacían antes, los tejados de Madrid, las estrellas, las golondrinas...

6

La maestra

Encontraron a la anciana muerta, rígida, fría, los ojos en el infinito, velados en el azul de la nada. En su mano atenazaba, como si fuera una prolongación de su propio ser, una fotografía y una carta. Una imagen y unas letras que la habían acompañado durante casi ochenta años. Lo único que conservaba de su hijo.

Le tomaron la fotografía a Andrés, cuando todavía era Andresillo, para su madre nunca dejó de serlo, a los pocos días de llegar a Rusia. Posaba aquel niño del exilio, que por aquel entonces tenía los seis años recién cumplidos, junto con otros compañeros. Los pequeños de cinco, y alguno de algo menos, pese a las restricciones al respecto. Los compañeros mayores rondarían catorce, que era el límite de edad acordado para la acogida de los niños republicanos en la Unión Soviética de entonces.

Posaban, algunos sonrientes, posiblemente ignorantes de su situación a causa de su corta edad, o pensando que eran los protagonistas de una de esas aventuras que se leían en los tebeos, otros, en cambio, fijaban sin más la mirada de tristeza indecible en el objetivo de la cámara.

Andresillo era de los niños que no sabía muy bien quiénes eran esos señores que un día se lo llevaron de su casa, de los que no sabía por qué se tenía que despedir de mamá, por qué lloraba tanto, de los que no comprendían aquel viaje, tan largo, tan cansado, junto con otros niños y algunos adultos que los acompañaban, los cuidaban y los consolaban. Adultos que luego serían, allí en Leningrado y en otros puntos de Rusia, sus maestros y maestras, sus otros padres, en aquel exilio que no entendían. Era difícil, si no imposible, de comprender: ¿Qué vale tanto, para separar a una madre de su hijo? ¿Qué vale tanto, para que la vida no valga nada?

Fue, en efecto, una dura travesía, primero en furgones, por caminos polvorientos, cientos y cientos de kilómetros, después el viaje en barco, en aquellas bodegas inmundas donde parecía que los días se multiplicaban plegándose sobre sí mismos una y otra vez. El no saber qué pasaría con ellos, el no saber cómo estarían las familias que habían dejado atrás en España. Una España que la mayoría de esos niños del exilio ya no vería más que como el eco lejanísimo de un hogar, al que algunos regresaron años más tarde, al que otros tantos, muchos, no pudieron regresar jamás, víctimas de la tuberculosis, del tifus o de la otra Guerra, que les salpicó de lleno cuando los nazis comenzaron a invadir Rusia en el 42. Era la situación tan complicada, tan peligrosa, que hubo que sacarlos de las Casas de Niños, donde fueron acogidos por el Régimen Soviético desde el 36 y donde habían vivido hasta entonces con ciertas comodidades.

Andresillo fue llevado a una de esas Casas, en concreto, a la Número Diez, en Leningrado. Algunas eran antiguos palacios que habían sido expropiados en la Revolución Bolchevique y se habían transformado y aprovechado para distintos fines. Uno de ellos, ser el hogar y la escuela de estos niños, durante aquellos años. Fueron en un principio para ellos, para esos niños, años de comodidad respecto a sus necesidades básicas de comida y aseo, aunque, sobre todo, el Régimen Soviético se esmeró respecto a lo que a su educación se refería. Cuestión sobre la que, más de un maestro y maestra tuvieron sus más y sus menos con lo que ellos consideraban un uso excesivo de la propaganda en aquellos niños.

Pero, lo cierto es que, con propaganda o sin ella, y fuera como fuera, estuvieron cuidados, alimentados y recibieron una educación en aquellos años de la Guerra Civil. Andresillo recordaba que en la Casa estaba siempre todo escrupulosamente limpio, que ellos, siempre estaban escrupulosamente limpios. Inés, la maestra que viajó con él y con parte de sus compañeros, los atendía cada día amorosamente, como si quisiera suplir a las madres de aquellos.

Como si, por fin, tuviera todos los hijos que habría querido tener, y que quizá hubiera tenido si la Guerra no le hubiera arrebatado toda posibilidad.

Tenía Inés unos veintitrés años cuando estalló la Guerra. De vocación, maestra y republicana, habiendo perdido todo y a todos en un bombardeo, fue propuesta por la República como una de las personas que se harían cargo de aquellos menores que se quería salvar de la guerra. Algunos niños y sus maestros acompañantes fueron a Portugal, a Francia, a México... Otros, como Inés y como Andresillo, a Rusia.

No supo la madre de Andrés, como tantas otras, hasta pasado un tiempo, adónde habían sido llevados sus hijos. Tal fue la premura con que había que sacar a los niños y llevarlos a lugares seguros, que algunos fueron reubicados sobre la marcha, como buenamente se pudo.

Y, si bien Andresillo y los niños que viajaron con él hasta Rusia tuvieron el camino más duro y después las condiciones más adversas para volver a España, siempre fueron sospechosos de filocomunistas y tratados como impostores, por una patria que les había llevado a estar separados de sus familias, a pasar todo tipo de penurias, abocados a vivir ya siempre como extraños y, en algunos casos, como traidores mismos. Lo cierto es que, el haber tenido con ellos a Inés, fue una de esas compensaciones que a veces el destino tiene a bien darnos. Era aquella maestra de una bondad y de una dulzura tal con ellos, que si las madres de aquellos niños la hubieran conocido, habrían vivido la separación de una manera, si no menos dolorosa, al menos, no tan amarga.

Todos los días les hacía a los niños escribir a sus familias, a sus madres, no porque fueran a enviar todas las cartas; las que llegaron fueron muy pocas y según avanzaba la Guerra y la República iba perdiendo fuelle y los otros ganando posiciones, fueron ya inexistentes. No, Inés no les hacía escribir todos los días con la finalidad de que aquellas cartas fueran a ninguna parte, sino para que aquellos niños nunca se olvidaran de sus seres queridos y mantuvieran la esperanza del reencuentro, la ilusión, que ella misma ya no podía tener. Les hacía escribir en aquellas cartas, que después ella guardaba en su alcoba, no sólo lo que hacían y aprendían allí cada día, sus rutinas diarias, sino lo que sentían hacia sus padres, hacia sus hermanos, si los tenían; para conservar esos sentimientos de la manera más pura, más intacta posible. Y esto le parecía esencial a Inés, sobre todo en los más pequeños, cuyas mentes estaban en una edad muy proclive al olvido, y en los mayores cuya mente estaba muy proclive al rencor, al odio.

Así, convirtió la maestra ese rato diario de escritura en una verdadera cura para el alma de aquellos niños. Algunas veces, resultaban una terapia eficaz para ella también. Le servían aquellas letras para recordarle el bien que hacía, que era necesaria, que tenía que vivir, si no por ella, por aquellos niños, que ciertamente se habían convertido en su propia vida.

Y entre ellos, Andresillo especialmente. Nunca supo por qué, pero lo cierto es que, desde que le encomendaron el cuidado del chiquillo, tuvo cierta debilidad por él, debilidad que, con el paso del tiempo, se fue convirtiendo en el amor más parecido al que una madre puede sentir por un hijo, si es que puede haber algo que pueda parecérsele. Era superior a ella, a él dedicaba sus mejores sonrisas, le guardaba las mejores raciones en la comida, pasaba las noches en vela cuidándole en los malos sueños o cuando enfermaba...

Y quizá fuera por eso que las cartas de Andresillo la conmovieran especialmente. Las guardó todas, durante esos casi siete años que estuvo cuidando de él y otros niños, hasta que tuvieron que dejar la Casa de Niños de Leningrado, cuando los alemanes empezaron la invasión. Parecía que la guerra no quería darles tregua y que les perseguía allí donde fueran. Así lo sintió Inés, cuando una vez más tuvo que huir de la muerte, de las bombas, del horror. Aunque ahora era diferente, estaba más cansada, más triste, más sola que nunca...

Ese día de invierno del 42, en el que ya era insostenible resistir en aquel lugar, fue trasladada junto con los niños que aún vivían y el resto de los maestros, para ser distribuidos a otros lugares y países considerados seguros. Leningrado y Moscú, ya no lo eran.

Sólo se llevó consigo Inés una maletita minúscula, con algo de ropa y dos cartas. Ambas de Andresillo, de su Andresillo. La primera la escribió con seis años, a los pocos días de su llegada a la Casa de Niños en octubre de 1936. La otra fue la última carta que escribió el niño.

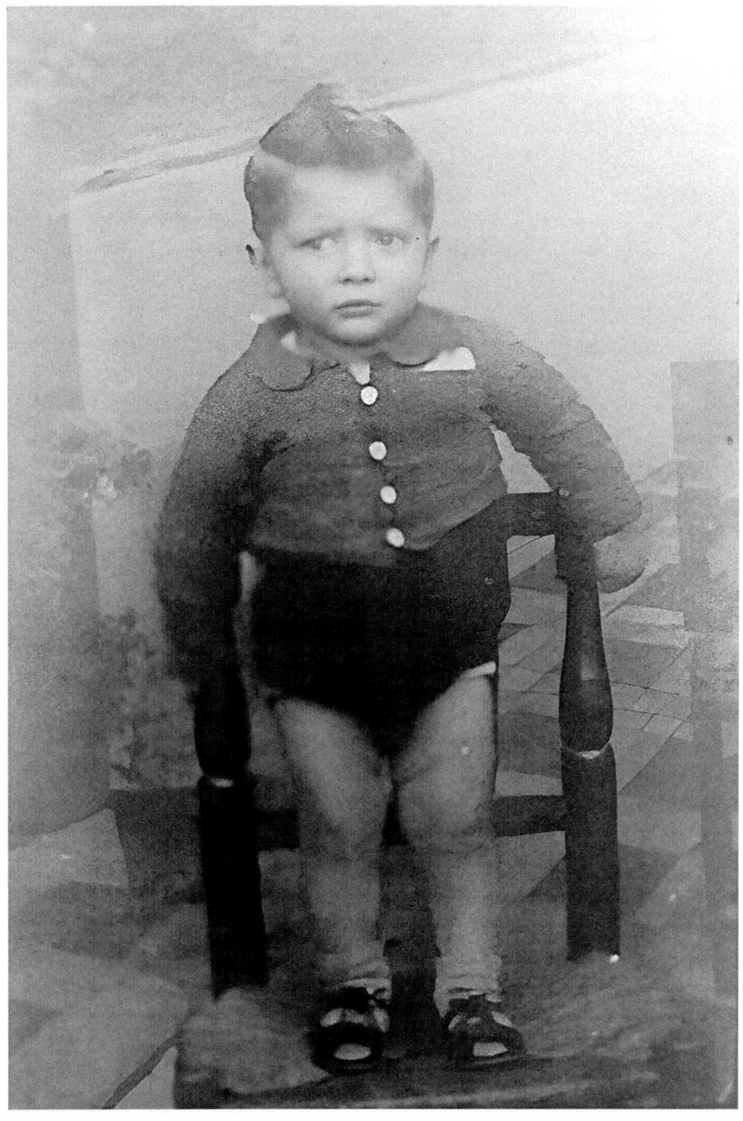

La primera, decía así:

Querida mamá:

Te escribo con ayuda de Inés. Inés es mi maestra. Ella es muy buena conmigo y con los otros niños. Somos muchos aquí, en la escuela en la que vivimos. Aprendemos muchas cosas, todos los días leemos y escribimos. También hacemos dibujos. Te he hecho un dibujo, mamá. Estamos tú y yo. Vamos en el barco que me ha traído aquí. Espero que algún día lo veas y que te guste mucho.

Mamá te mando muchos besos y muchos abrazos. Ahora nos vamos a jugar con la maestra.

Andresillo

La última, que Inés hizo llegar a la madre del niño, la escribió Andrés en el 42, al poco de tener que huir del lugar donde escribió aquella primera carta.

Querida mamá:

Sólo quiero que sepas que todos los días que estuve aquí te escribí, aunque sé que mis cartas no te llegaron y te eché de menos y te quise mucho. Todos los días. Inés, la maestra, me decía que tú siempre me esperarías y que siempre me ibas a querer, aunque hubiera pasado mucho tiempo. Que las madres quieren siempre y no se olvidan nunca de sus hijos. Yo de ti tampoco, mamá. Ahora estoy en la cama, enfermo, he oído decir que tengo tuberculosis. A veces, me hago el dormido cuando Inés habla con los médicos. Ella misma me ha pedido que te escriba y me ha dicho que esta carta sí te va a llegar. Eso me pone muy contento, mamá. Seguro que has estado muy preocupada por mí y que has llorado mucho. Yo al principio también lloraba mucho. Yo creo que por eso Inés me cuidaba tanto. Dice que estuve muchos meses llorando de día y de noche. Pero siempre me prometía que tú estabas bien y que nos veríamos pronto. Espero que así sea. Me despido de ti con esa esperanza, mamá.

Con todo el amor:

Tu Andresillo

Esta última carta de Andrés, fechada en el 42, justo el día antes de que muriera, su madre la recibió a los pocos meses. Inés se la hizo llegar, no sin esfuerzo, a través de un maestro amigo suyo que pudo salir de Rusia con algunos de aquellos niños, "los niños de la guerra". Pocas semanas después, la maestra también moriría, aquejada de la misma tuberculosis galopante que acabó con su niño. Los otros corrieron suertes diferentes. Algunos se alistaron, siendo todavía unos chiquillos, en el ejército del país que les había acogido y con el que, de alguna manera, se sentían en deuda, era momento de defenderlo de la invasión de los alemanes. Así que, por paradójico que parezca, fueron salvados de una guerra para terminar muriendo en otra.

Otros, como Andrés y la maestra, murieron de tuberculosis o de tifus. Otros pudieron regresar a España, unos entre el 42 y el 43, otros tantos en los años cincuenta. La vuelta, extraña, familiares muertos o ya casi unos desconocidos para ellos. Un país que los miraba con recelo como si fueran peligrosos comunistas, sospechosos de traidores a la patria. Tanto es así que, algunos, decidieron volverse al encontrase aquí ajenos, desorientados, perdidos...

Otros fueron recibidos con gran alegría por sus familias, por sus padres, por sus madres, con casi tantas lágrimas como las que derramaron cuando se fueron a aquel exilio incierto, largo, lejano.

Otros serían siempre anhelados, esperados, queridos, llorados... Como Andresillo, cuya fotografía y aquellas últimas letras que pudo escribir se llevó su madre entre las manos, cuando la sorprendió la ansiada muerte hace no mucho tiempo.

Este libro se termina de revisar
el 21 de enero de 2024

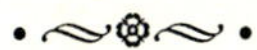

Día Internacional del abrazo